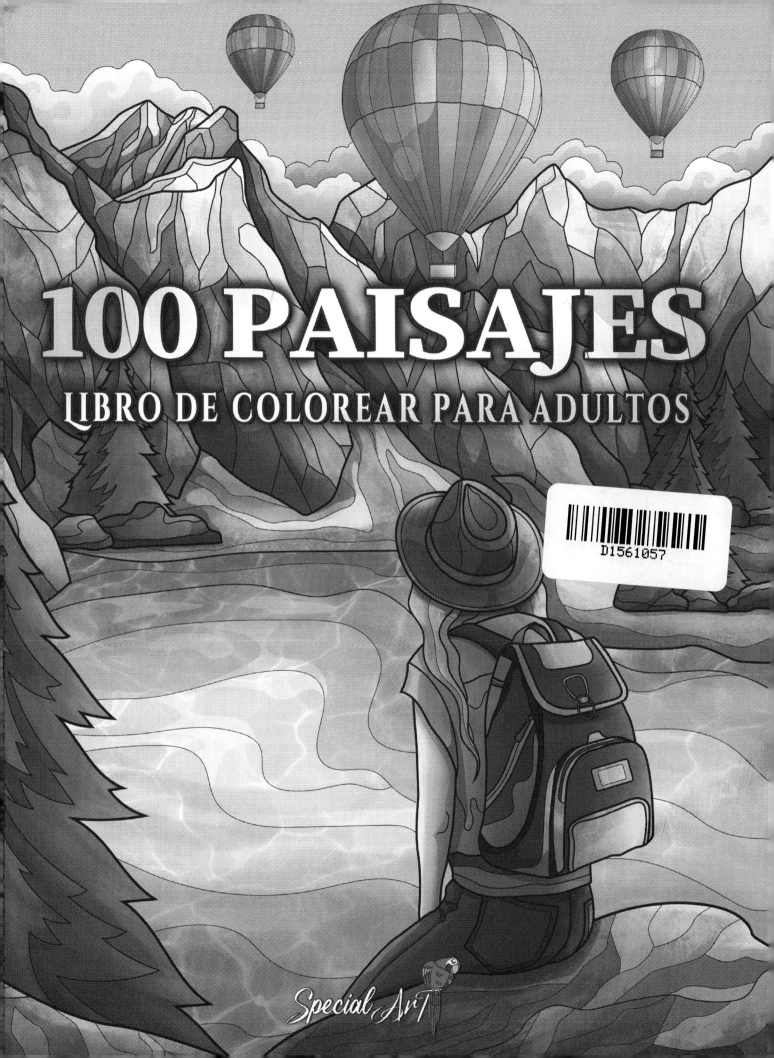

La página de previsualización:

¡ÚNASE A NUESTRO GRUPO DE FACEBOOK DONDE PUEDE COMPARTIR SUS OBRAS DE ARTE!

SCAN ME

GRUPO DE FACEBOOK:
Special Art - Artwork

LOS MEJORES DIBUJOS
SERÁN PUBLICADOS
EN LA CUENTA
OFICIAL DE INSTAGRAM :

INSTAGRAM :
@Specialart_coloring

VISITE NUESTRO
SITIO WEB PARA
RECIBIR LA SORPRESA
DEL **REGALO** QUE
TENEMOS
PREPARADO ¡PARA
USTED!

SCAN ME

SITIO WEB
www.SpecialArtBooks.com

MUCHAS GRACIAS POR COMPRAR ESTE LIBRO.

Gracias... porque **USTED**
dar color y vida a nuestros libros...

.. Y así hemos preparado
¡Un **REGALO** para ti!

Para conseguirlo, usa la cámara de tu teléfono
para escanear el **CÓDIGO QR**
en la siguiente página.

Esperamos verle
en nuestra **GRAN FAMILIA**
de los amantes de los colores.

Buena coloración

¡COMPRENDE TU REGALO!
NUESTRAS 100 MEJORES PÁGINAS PARA COLOREAR

www.subscribepage.com/specialart_coloring

DESCARGUE AHORA GRATIS!

Copyright © 2021 por Special Art. Todos los derechos reservados. Ninguna parte de esta publicación puede ser reproducida, distribuida o transmitida en cualquier forma o por cualquier medio, incluyendo fotocopias, grabaciones u otros métodos electrónicos o mecánicos, sin el previo consentimiento escrito del autor. El autor renuncia a cualquier responsabilidad por daños de cualquier tipo o mal uso de este libro.
Imágenes © Shutterstock

¿Tiene alguna pregunta o preocupación? Escríbenos.
www.specialartbooks.com |
support@specialartbooks.com

Special Art

Este libro pertenece A:

_____

Special Art

Escoge los colores que amas,

Encuentra tu dibujo preferido
para iniciar...
¡Y Dale Vida!

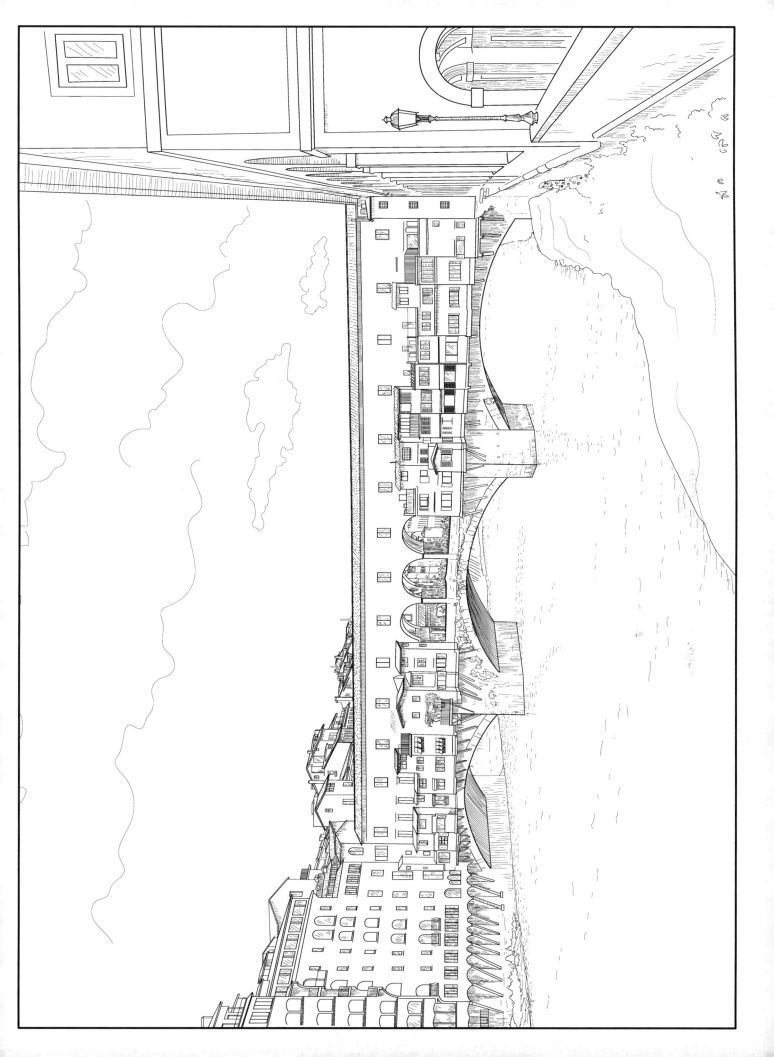

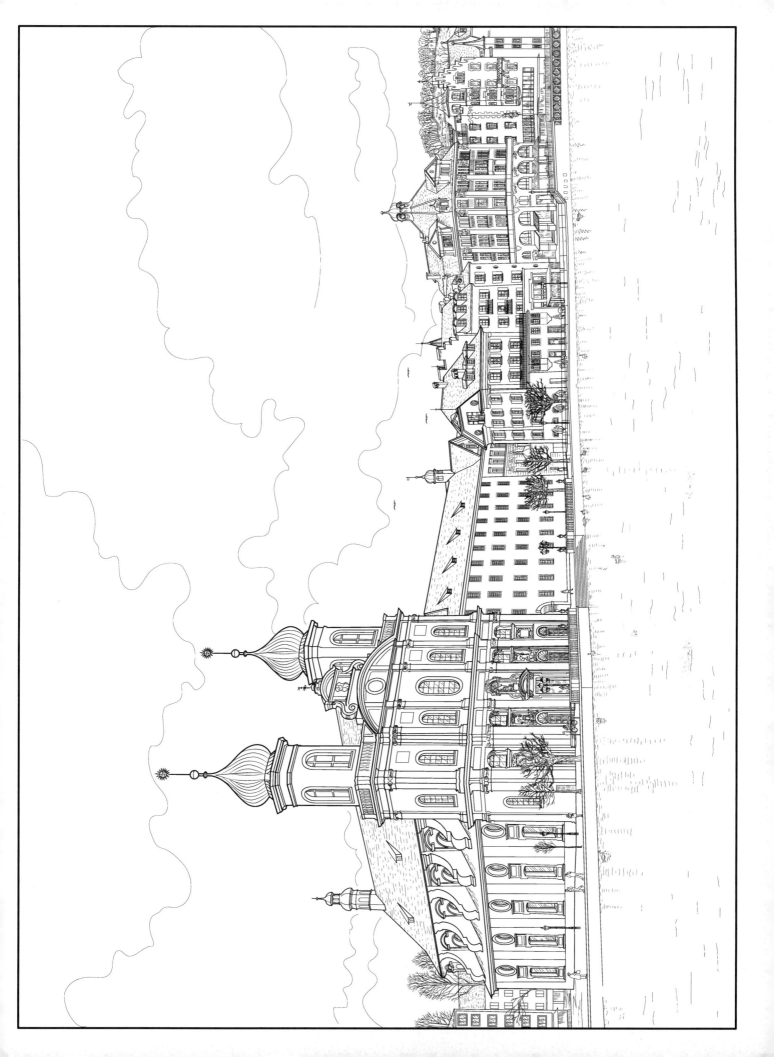

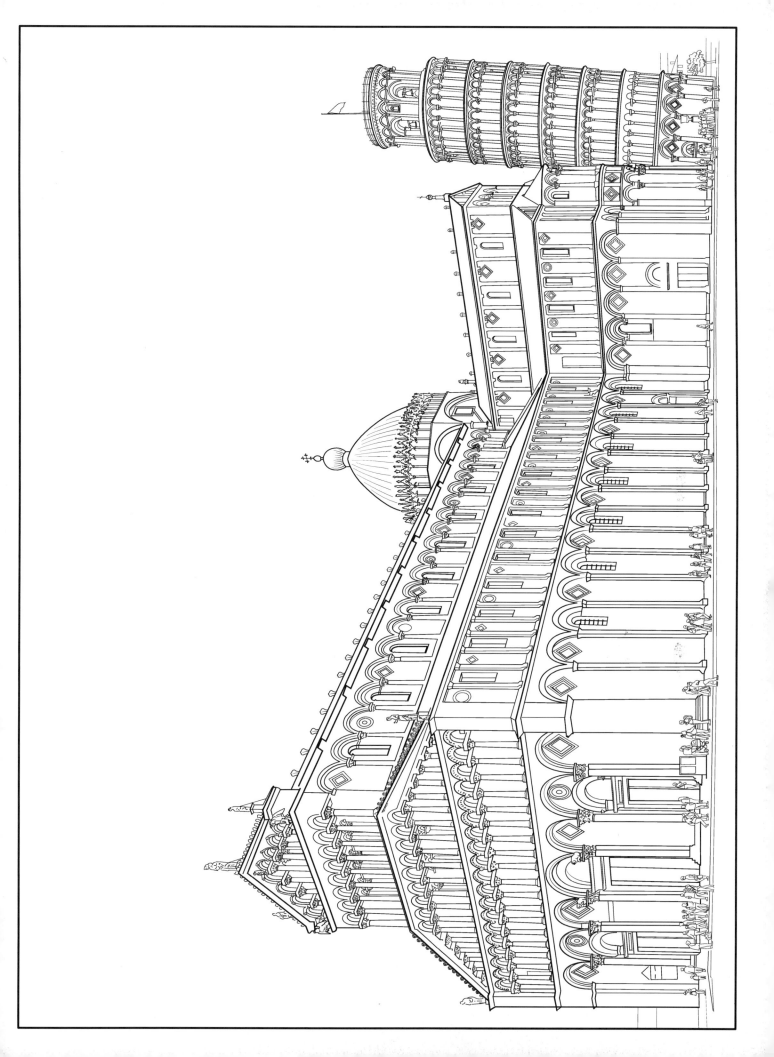

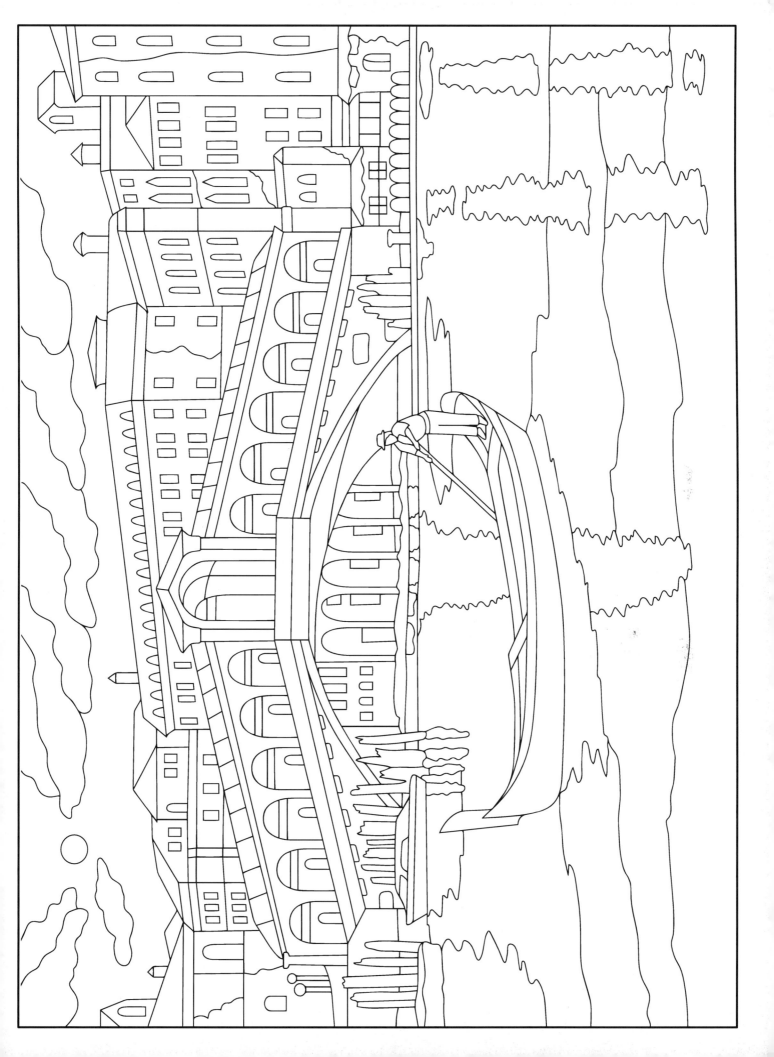

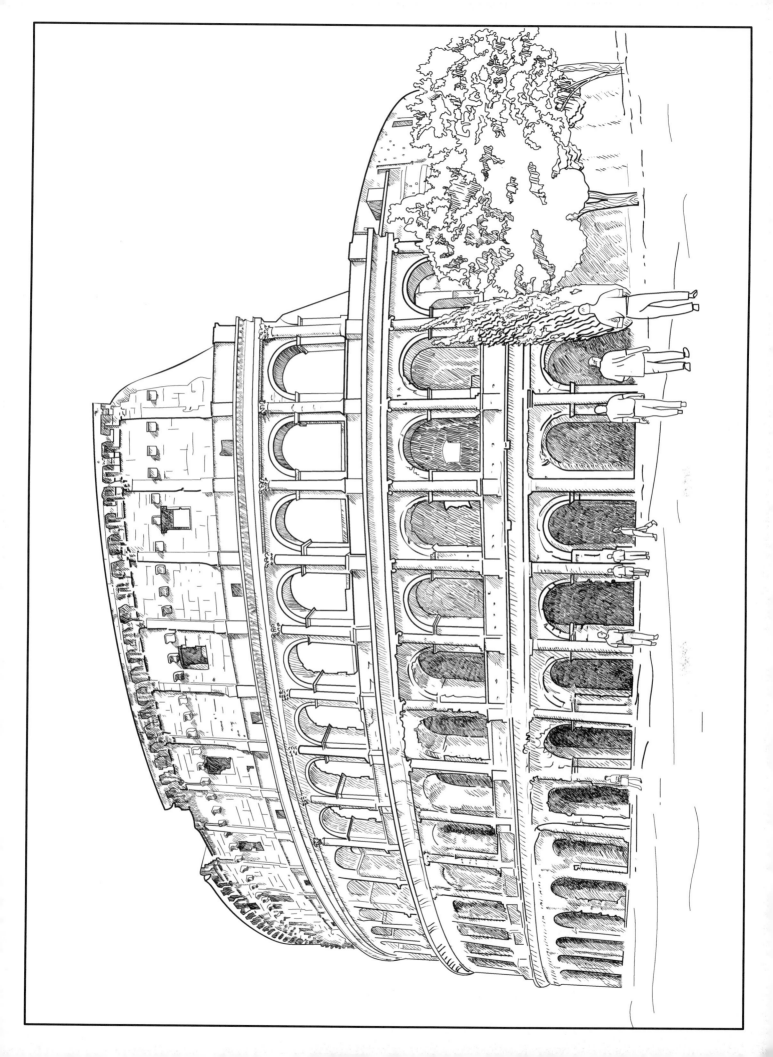

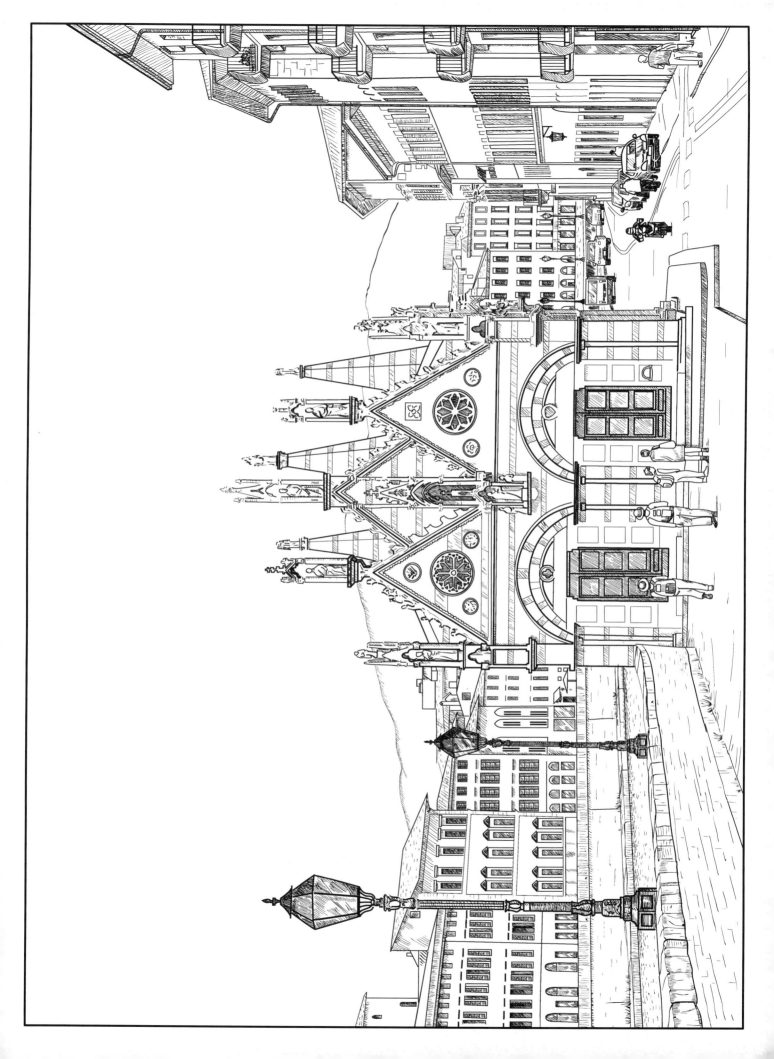

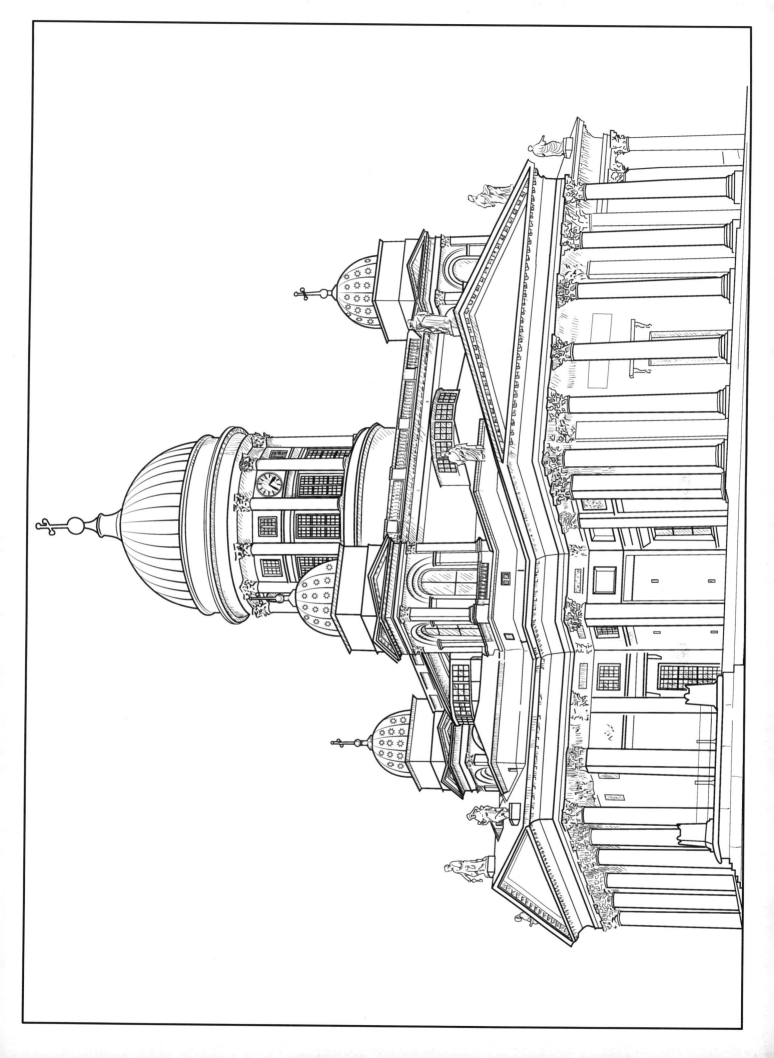

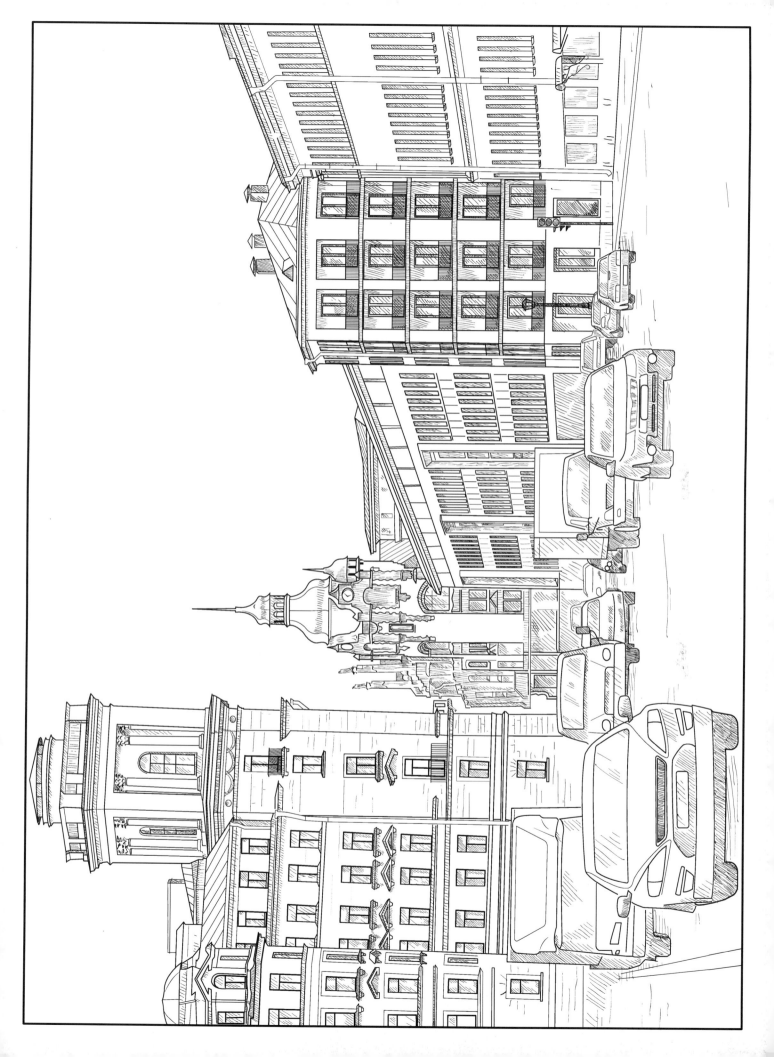

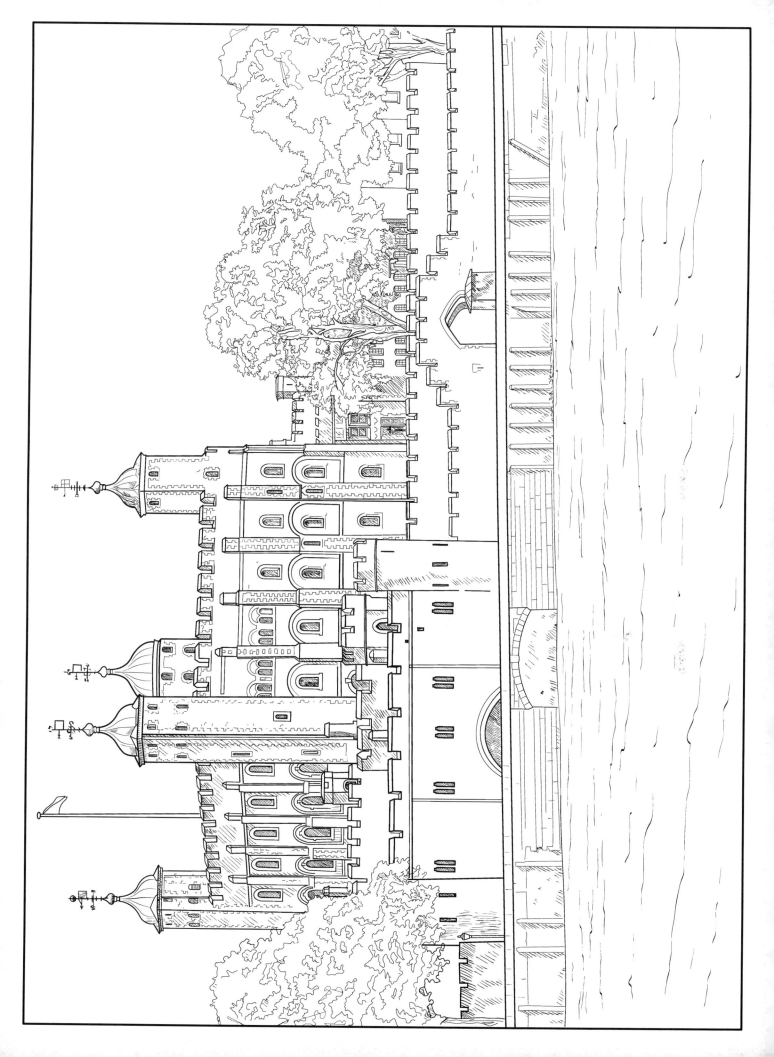

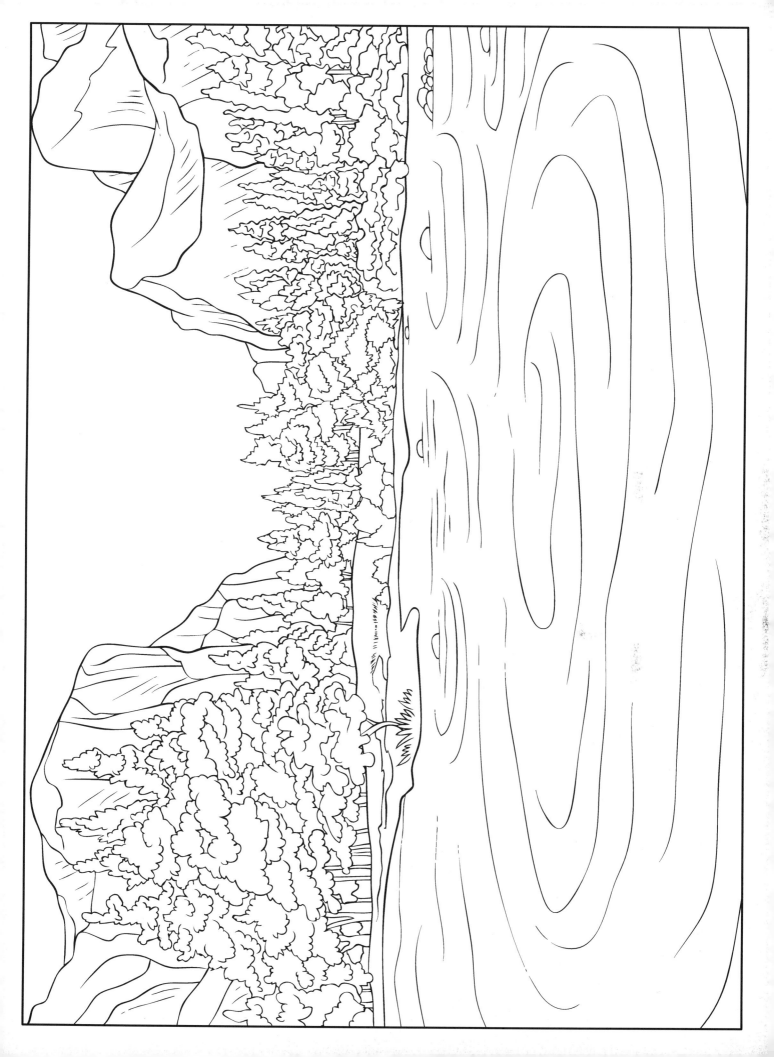

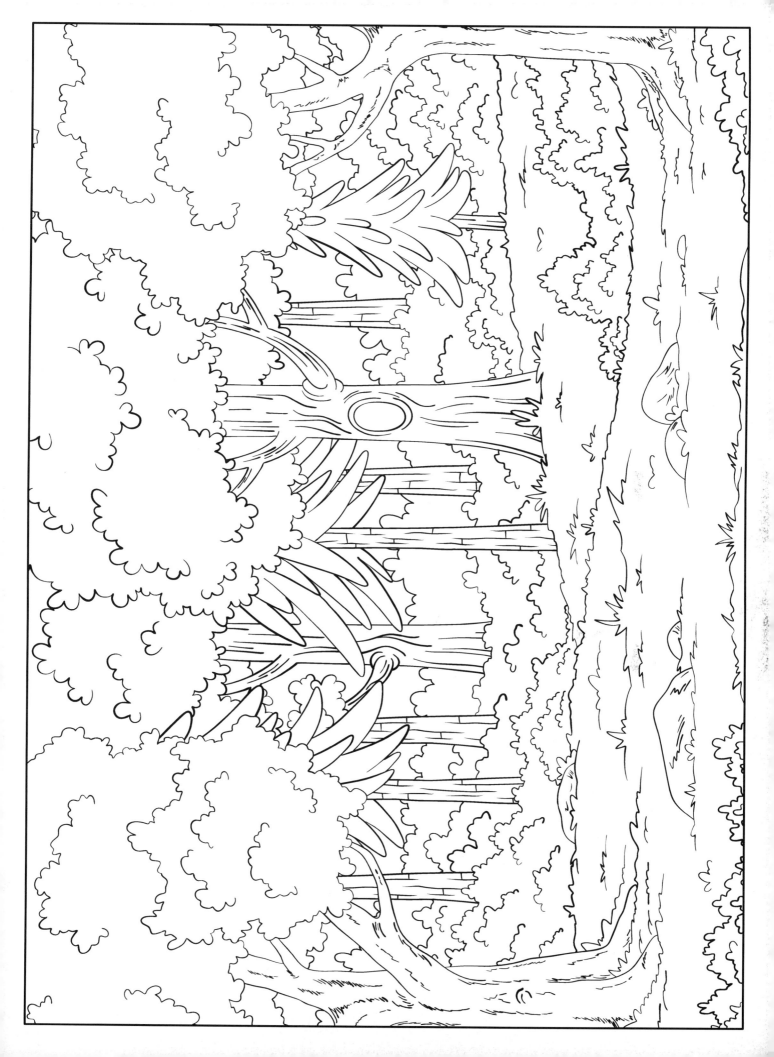

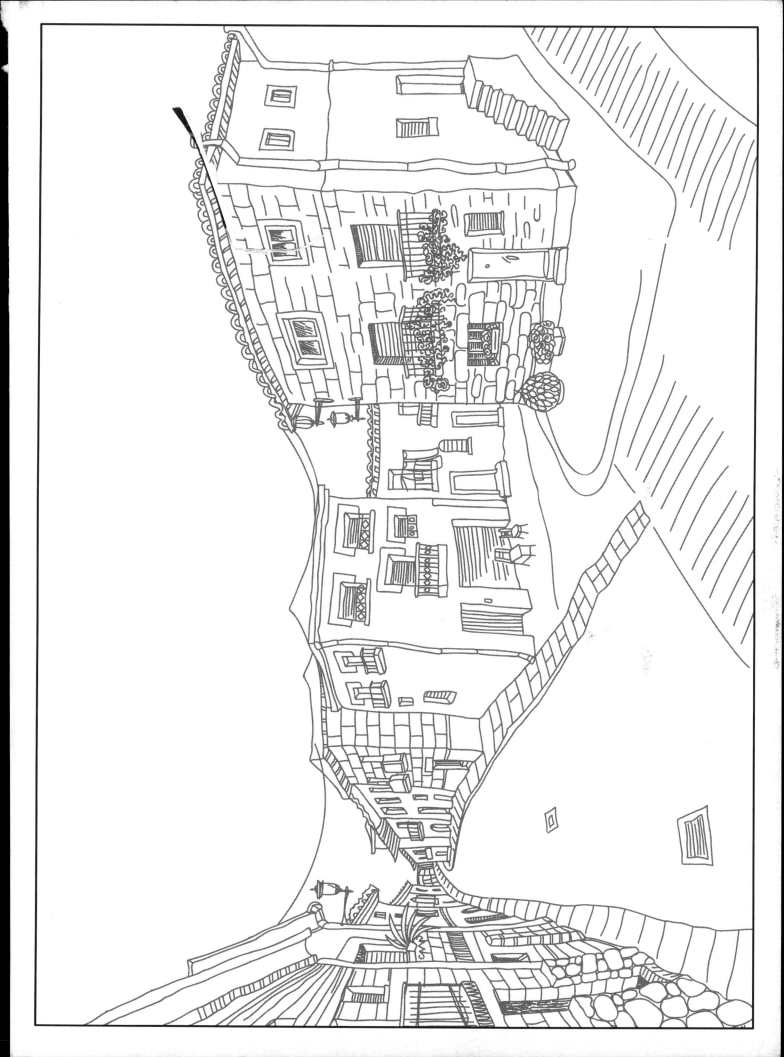

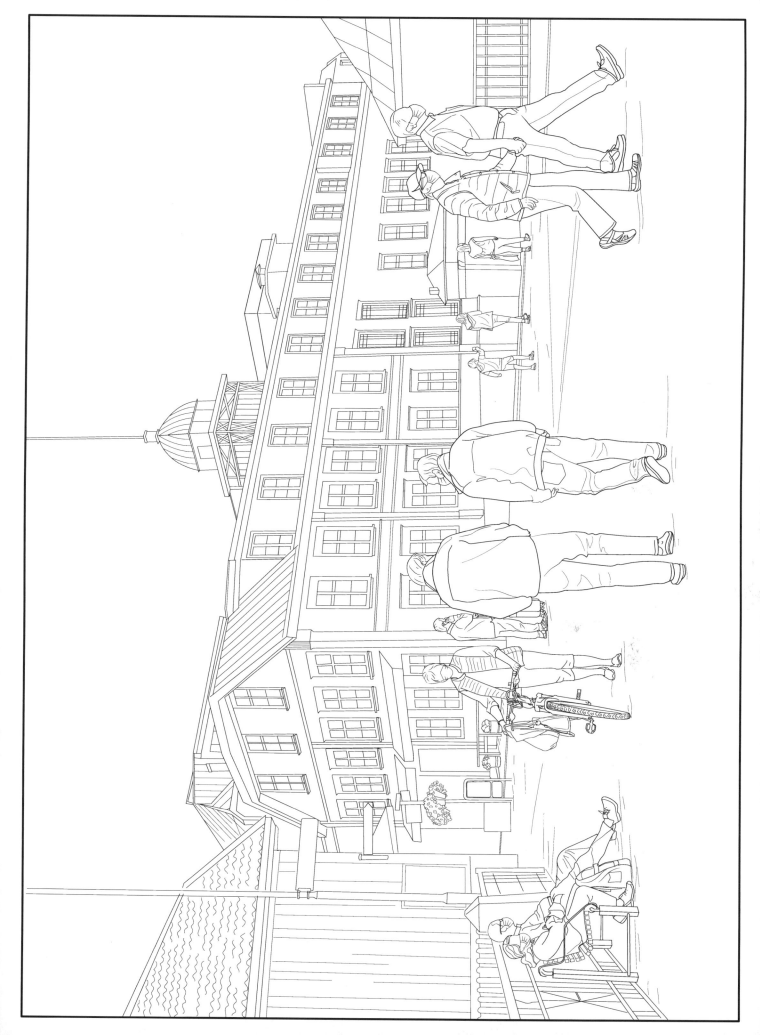

¡SI LE GUSTÓ EL LIBRO, AYÚDENOS DEJANDO UNA VALORACIÓN EN AMAZON !

1.

Diríjase a Amazon, desde su perfil y haga clic en "Mis pedidos"

2.

Busque este libro

3.

Haga clic en "Escribir una opinión sobre este producto"

4.

Déjenos su valoración y si lo desea, añada algunas fotos de sus ¡increíbles logros!

SOLUCIÓN RÁPIDA :
ESCANEAR EL QR-CODE DE ABAJO

SCAN ME

¡MUCHAS GRACIAS POR SU APOYO!

ÚNETE A NUESTRO GRUPO DE FACEBOOK

✔ Comunidad de coloristas de todo el mundo
✔ Obtener contenido gratuito sólo para miembros
✔ Comparte tu obra de arte
✔ y mucho más !

ENTRE AHORA

1.
Busca el grupo en Facebook:
Special Art – Artwork

2.
Únete al Grupo

3.
Responde a las preguntas de bienvenida

4.
Ahora eres parte de la community

O ESCANEAR CON LA CÁMARA DE TU TELÉFONO MÓVIL EL CÓDIGO QR DE ABAJO